FONDAZIONE GIORGIO CINI
ISTITUTO ITALIANO ANTONIO VIVALDI

ANTONIO VIVALDI

Stabat Mater
INNO
PER CONTRALTO, DUE VIOLINI,
VIOLA E BASSO
RV 621

Riduzione per canto e pianoforte
condotta sull'edizione critica
della partitura a cura di

Reduction for voice and piano
based on the critical edition
of the orchestral score by

PAUL EVERETT

RICORDI

Riduzione per canto e pianoforte di – Reduction for voice and piano by Antonio Frigé

Traduzione italiana di – Italian translation by Francesco Degrada

Copyright © 1998 Casa Ricordi Srl per la partitura
Copyright © 2019 Casa Ricordi Srl per la riduzione
Via Crespi, 19 – area Mac4 – 20159 Milano (MI)

CP 141970
ISBN 978-88-8192-058-7
ISMN 979-0-041-41970-1

INDICE / CONTENTS

PREFAZIONE GENERALE

I criteri che guidano l'*Edizione critica* delle opere di Antonio Vivaldi sono analiticamente esposti nelle *Norme editoriali*, redatte a cura del Comitato Editoriale dell'Istituto Italiano Antonio Vivaldi. Se ne offre qui un estratto che descrive, nei termini indispensabili alla comprensione della riduzione per canto e pianoforte, la tecnica editoriale adottata.

L'edizione si propone di presentare un testo il più possibile fedele alle intenzioni del compositore, così come sono ricostruibili sulla base delle fonti, alla luce della prassi di notazione contemporanea e delle coeve convenzioni esecutive.

La tecnica di edizione adottata per opere singole o gruppi di opere è illustrata nell'*Introduzione* che contiene:

1. Una trattazione dell'origine e delle caratteristiche generali della composizione (o delle composizioni).
2. Un elenco delle fonti (comprese le fonti letterarie quando rivestano particolare importanza).
3. Una descrizione di tutte le fonti che il curatore ha collazionato o consultato, comprese le più importanti edizioni moderne.
4. Una relazione e una spiegazione relative alle scelte testuali derivanti dallo stato delle fonti e dalle loro reciproche relazioni e alle soluzioni adottate per composizioni particolarmente problematiche, non previste nella *Prefazione generale*. In particolare viene specificato quale fonte è usata come *fonte principale* dell'edizione, quale (o quali) sono state *collazionate, consultate* o semplicemente *elencate*.
5. Una discussione sulla prassi esecutiva relativa alla composizione o alle composizioni edite.

Nell'*Apparato critico*, dedicato alla lezione originale e alla sua interpretazione, sono trattate tutte le varianti rispetto alla fonte principale e alle fonti collazionate.

Ogni intervento del curatore sul testo che vada al di là della pura traslitterazione della notazione antica o che non corrisponda a un preciso sistema di conversione grafica qui segnalato, viene menzionato nell'*Apparato critico* o evidenziato attraverso specifici segni:

1. Parentesi rotonde (per indicazioni espressive o esecutive mancanti nelle fonti e aggiunte per assimilazione orizzontale o verticale; per correzioni e aggiunte del curatore laddove nessuna delle fonti fornisce, a suo giudizio, un testo corretto).
2. Corpo tipografico minore (per l'integrazione del testo letterario incompleto o carente sotto la linea o le linee del canto; per la realizzazione del basso continuo per strumento a tastiera, se presente).
3. Linee tratteggiate ⹀ ‒ ‒ ‒ ‒ ‒ ⹁ per legature di articolazione o di valore aggiunte dal curatore.
4. Semiparentesi quadre ⌐ ¬ per il testo musicale o letterario di un rigo derivato in modo esplicito (mediante abbreviazione) o implicito da un altro rigo.

Non vengono di norma segnalati nell'edizione gli interventi del curatore nei casi seguenti:

1. Quando viene aggiunta una legatura tra l'appoggiatura e la nota principale. Questa regola vale anche nel caso di gruppi di note con funzione di appoggiatura.
2. Quando segni di articolazione (per esempio punti di staccato) sono aggiunti a una serie di segni simili per assimilazione, sulla base di inequivocabili indicazioni della fonte.
3. Quando la punteggiatura viene corretta, normalizzata o modernizzata; lo stesso vale per l'ortografia e l'uso delle maiuscole.
4. Quando abbreviazioni comunemente usate vengono sciolte.

5. Quando pause di un'intera battuta mancanti nella fonte vengono aggiunte, e non c'è alcun dubbio che una parte del testo musicale sia stata inavvertitamente omessa.

6. Quando vengono introdotti dal curatore segni ritmici indicanti modalità di esecuzione.

Nell'*Apparato critico* l'altezza dei suoni viene così citata:

Le numeriche del basso continuo possono essere, se necessario, corrette dal curatore, che tuttavia non ne aggiungerà di nuove. Le alterazioni sono apposte davanti alle numeriche cui si riferiscono e i tratti trasversali indicanti l'alterazione cromatica di una nota (δ) sono sostituiti dal diesis o dal bequadro corrispondenti. L'abbassamento di un semitono di una cifra del basso precedentemente diesizzata, è sempre indicata col segno di

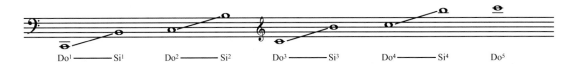

Do¹ ——— Si¹   Do² ——— Si²   Do³ ——— Si³   Do⁴ ——— Si⁴   Do⁵

Le armature di chiave sono modernizzate per intere composizioni o per singoli movimenti, e l'armatura di chiave originale è indicata nell'*Apparato critico*. L'edizione usa le seguenti chiavi per le parti vocali: la chiave di violino, la chiave di violino tenorizzata e la chiave di basso. Le chiavi originali o i cambiamenti di chiave sono registrati nell'*Apparato critico*.

Per quanto concerne il trattamento delle alterazioni, le fonti settecentesche della musica di Vivaldi seguono l'antica convenzione secondo la quale le inflessioni cromatiche mantengono la loro validità solamente per il tempo in cui la nota alla quale è premessa l'alterazione è ripetuta senza essere interrotta da altri valori melodici, indipendentemente dalla stanghetta di battuta. Pertanto la traslitterazione nella notazione moderna comporta l'automatica aggiunta di certe alterazioni e la soppressione di altre. Inflessioni cromatiche non esplicite nella notazione della fonte originale, ma aggiunte dal curatore, sono segnalate, quando è possibile, nella riduzione, mettendo tra parentesi l'alterazione o le alterazioni introdotte. Se la stessa alterazione è presente nell'armatura di chiave, ovvero appare precedentemente nella stessa battuta, mantenendo dunque, secondo le convenzioni moderne, la propria validità, l'intervento del curatore viene segnalato nell'*Apparato critico*, dove viene offerta la lezione originale. Quando si fa riferimento a note della fonte che, anche se interessate da un'inflessione cromatica, non sono precedute da alcuna alterazione (generalmente perché l'inflessione è prescritta dall'armatura di chiave), la parola o il simbolo per l'inflessione sono racchiusi tra parentesi.

bequadro, anche se le fonti, talvolta, usano per lo stesso scopo il segno di bemolle.

Quando la ripetizione del «Da Capo» non è scritta per esteso (come avviene per lo più nelle composizioni vocali), la prima sezione deve essere ripetuta dall'inizio o dal segno ⧣, sino alla cadenza della tonalità fondamentale, contrassegnata generalmente da una corona, o sino al segno ⧣. Nelle arie e in composizioni vocali simili, il «Da Capo» deve essere eseguito dal solista (o dai solisti) con nuovi abbellimenti, in armonia con il carattere ritmico e melodico del brano.

Nei recitativi, le appoggiature per la parte di canto non vengono indicate una per una nel testo dell'edizione, pertanto il cantante deve compiere sempre una scelta giudiziosa del luogo ove introdurle. Di norma sono richieste in tutte le formule cadenzali nelle quali c'è un intervallo discendente prima dell'ultima sillaba accentata di una frase; se l'intervallo è una seconda o una terza maggiore o minore, la sillaba accentata è cantata un tono o un semitono sopra (secondo l'accordo sottostante) rispetto alla nota successiva; se l'intervallo è più ampio di una terza, la sillaba accentata è intonata alla stessa altezza della nota precedente. Questo vale sia che il basso abbia o non abbia una cadenza, sia che la nota dell'appoggiatura sia consonante o meno col basso. Talvolta si possono introdurre appoggiature anche all'interno di una frase, per dare importanza a certe parole, anche quando l'ultima sillaba accentata è raggiunta partendo da una nota inferiore. Ma anche in questo caso, la nota dell'appoggiatura deve essere più alta rispetto alla nota successiva; appoggiature ascendenti possono essere consigliabili in frasi che terminano con un punto di domanda o che richiedano una particolare espressività. Nei recitativi, quando non altrimenti indicato, tutte le note del basso e gli accordi corrispondenti del rigo superiore devono essere eseguiti come «attacchi» di breve durata; questo, in particolare, nella musica vocale profana. Devono essere tenuti solo gli accordi alla fine di un recitativo, segnalata da una corona.

Il trattamento ritmico degli accordi delle cadenze nell'accompagnamento dei recitativi è generalmente suggerito, nell'edizione, dalla realizzazione del basso continuo; ritardare troppo gli accordi sulle cadenze non è consigliabile nei recitativi di composizioni profane. Le «cadenze posposte», nelle quali la nota del basso entra dopo che la voce ha smesso di cantare, sono suggerite nell'edizione solo per conclusioni cadenzali particolarmente importanti, mediante l'inserzione di una virgola tra parentesi sopra il rigo superiore e inferiore.

Dopo una cadenza, nel corso di un recitativo, è da evitare un ritardo nell'attacco della frase successiva, a meno che una virgola tra parentesi non lo richieda espressamente.

Gli abbellimenti vocali e strumentali diversi da quelli da impiegarsi nel «Da Capo» e nei recitativi, sono aggiunti dal curatore (tra parentesi) se assenti nella fonte, nei punti in cui sono di norma richiesti dalle convenzioni esecutive dell'epoca di Vivaldi. Se la fonte indica o sottintende una cadenza, questo verrà specificato nell'*Apparato critico*, ma di norma non ne verrà offerta una realizzazione. Nelle arie con «Da Capo» è richiesta di solito una cadenza almeno alla fine dell'ultima sezione, e spesso anche alla fine della seconda (quella centrale); ciò non verrà specificato caso per caso nell'*Apparato critico*, salvo laddove occorra chiarire l'esatta posizione della cadenza stessa.

GENERAL PREFACE

The guiding principles behind the *Critical Edition* of the works of Antonio Vivaldi are set out in detail in the *Editorial Norms* agreed by the Editorial Committee of the Istituto Italiano Antonio Vivaldi. We give below a summary which describes, in terms essential to the understanding of the reduction for voice and piano, the editorial principles adopted.

The edition aims at maximum fidelity to the composer's intentions as ascertained from the sources in the light of the contemporary notational and performance practice.

The editorial method employed for single works or groups of works is described in the *Introduction* which normally contains:

1. A statement of the origin and general characteristics of the compositions.
2. A list of sources, including literary sources when relevant.
3. A description of all the sources collated or consulted by the editor, including the most important modern editions.
4. An account and explanation of decisions about the text arising from the state of the sources and their interrelationship, and of solutions adopted for compositions presenting special problems, unless these are already covered in the *General Preface*. In particular, it will be made clear which source has been used as the *main source* of the edition, and which others have been *collated, consulted* or merely *listed.*
5. A discussion of performance practice in regard to the composition(s) published.

A critical commentary concerned with original readings and their interpretation, lists all variations existing between the main source and the collated sources.

All instances of editorial intervention which go beyond simple transliteration of the old notation or which do not conform to a precise system of graphical conversion described below will be mentioned in the *Critical Commentary* or shown by special signs:

1. Round brackets (for marks of expression or directions to the performer absent in the sources and added through horizontal or vertical assimilation; for editorial emendations where none of the sources, in the editor's judgement, provides a correct text).
2. Small print (to complete an underlaid text when some or all words are missing; for the realization for keyboard of the continuo, if present).
3. Broken lines ‒ ‒ ‒ ‒ ‒ ‒ for slurs and ties added editorially.
4. Square half-brackets ⌐ ¬ for musical or literary text derived explicitly (by means of a cue) or implicitly from that on (or under) another staff.

Normally, the editor will intervene tacitly in the following cases:

1. When a slur linking an appoggiatura to the main note is added. This applies also to groups of notes functioning as appoggiaturas.
2. When marks of articulation (e.g. staccato dots) are added to a series of similar marks by assimilation and the source leaves no doubt that this is intended.
3. When punctuation is corrected, normalized or modernized; the same applies to spelling and capitalization.
4. When commonly used abbreviations are resolved.
5. When whole-bar rests absent in the source are added, there being no reason to think that a portion of musical text has inadvertently been omitted.
6. When editorial rhythmic signs indicating a manner of performance are added.

In the *Critical Commentary,* the pitches are cited according to the following system:

til the tonic cadence at the end of this section, which is usually marked by a fermata, or until the sign ⧣ .

The key signatures of whole compositions or individual movements are modernized where appropriate and the original key signature given in the *Critical Commentary.* The edition employs the following clefs for vocal parts: treble, "tenor G" and bass clefs. Original clefs or clef changes are recorded in the *Critical Commentary.*

In regard to the treatment of accidentals, the 18th-century sources of Vivaldi's music adhere to the old convention whereby chromatic inflections retain their validity for only so long as the note to which an accidental has been prefixed is repeated without interruption, irrespective of barlines. Conversion to modern notation thus entails the tacit addition of some accidentals and the suppression of others. Chromatic inflections not made explicit in the notation of the original source but supplied editorially are shown where possible in the reduction for voice and piano, the one or more accidentals entailed being enclosed in parentheses. If the same accidental is present in the key signature or appears earlier in the same bar, therefore remaining valid under the modern convention, the editorial intervention is recorded in the *Critical Commentary,* where the original reading is given. When reference is made to notes of the source that, although chromatically inflected, are not themselves preceded by any accidental (usually because the inflection is prescribed by the key signature), the word or symbol for the inflection is enclosed in parentheses.

Where necessary, the figures of the *basso continuo* may be corrected by the editor, who will not add any new figures, however. Accidentals precede the figures to which they refer, and cross-strokes indicating the chromatic inflection of a note (δ) are replaced by the appropriate accidental. The lowering by a semitone of a previously sharpened bass figure is always indicated by the natural sign, although the sources sometimes use the flat sign synonymously.

Where the "Da Capo" repeat is not written out (mostly in vocal pieces), the first section has to be repeated, from the beginning or from the sign ⧣ un-

In arias and similar vocal pieces the "Da Capo" repeat should be performed by the soloist(s) with new embellishments in accordance with the rhythmic and melodic character of the piece.

In recitatives the appoggiaturas for the singer are not indicated individually in the main text of the edition, as the singer has always to make a judicious selection of the places where to sing them. They are normally expected in all cadential formulas where there is a falling interval before the last accented syllable of a phrase; if the interval is a minor or major second or third; the accented syllable is sung a tone or semitone higher (according to the harmony) than the following note; if the interval is larger than a third, the accented syllable is sung at the same pitch as the preceding note. This is valid whether or not the bass actually cadences at that point, and whether or not the appoggiatura is consonant or dissonant with the bass. Occasionally, appoggiaturas can also be sung within a phrase, to lend emphasis to certain words, even when the last accented syllable is approached from below. Here, too, the appoggiatura should lie above the note following it, but rising appoggiaturas may be appropriate in phrases ending with a question mark or where special expressiveness is required. All bass notes of the recitatives, including the corresponding chords in the upper staff, should be performed as short "attacks", at least in secular music, where not otherwise indicated. Sustained chords are limited to those at the end of a recitative, marked by a fermata.

The rhythmic treatment of cadential chords in the accompaniment of recitative is usually suggested in the edition by the continuo realization; longer delays of the cadential chords are not appropriate in secular recitative. "Postponed cadences", where the bass note enters after the voice has finished, are suggested in the edition only at major stopping points, by the insertion of a bracketed comma in the upper and lower staff at this juncture. After a cadence within the course of a recitative there should be no delay in the attack of the next phrase, unless a bracketed comma specifically calls for it.

Other vocal and instrumental embellishments than those in "Da Capo" repeats and in recitatives are supplied editorially (in brackets) if absent from the source, where they are normally required by the performing conventions of Vivaldi's age. If the source indicates or implies a cadenza, this will be pointed out in the *Critical Commentary,* but normally no specimen of one will be supplied. In "Da Capo" arias cadenzas are usually expected at least at the end of the last section, and often also at the end of the second (middle) section; this will not be specifically pointed out in the *Critical Commentary* except in cases where the exact position of the cadenza needs clarification.

INTRODUZIONE

La musica sacra vocale di Vivaldi, che può essere ulteriormente suddivisa nelle categorie della musica liturgica e della musica non liturgica, comprende oltre cinquanta composizioni riconosciute come autentiche. Molte di esse, forse la maggioranza, furono scritte per il Coro del Pio Ospedale della Pietà, l'istituzione veneziana per trovatelli alla quale il compositore veneziano fu legato per molta parte della sua attività, nei periodi nei quali non era disponibile un maestro di coro per quel compito; tali periodi si collocano negli anni 1713-1719 (tra la partenza di Francesco Gasparini e l'assegnazione dell'incarico a Carlo Luigi Pietragrua) e negli anni 1737-1739 (tra la partenza di Giovanni Porta e la sua sostituzione con Gennaro D'Alessandro). È importante ricordare tuttavia che, una volta conquistata una reputazione in questo genere di composizioni, Vivaldi ricevette commissioni per musiche vocali sacre da varie altre parti, cosicché sarebbe un errore identificare in maniera troppo esclusiva questo aspetto della sua attività con la Pietà.

Sembra infatti che Vivaldi avesse incominciato a comporre musica sacra e avesse fatto notevole esperienza in questo campo prima che gli fosse richiesto di fornire tale repertorio alla Pietà, a partire dal 1713, quando fu accordato il congedo a Gasparini. Gran parte delle prove a tale riguardo provengono dall'intonazione dello *Stabat Mater*, RV 621, e da quanto si può ipotizzare sulle sue origini e sulla sua prima esecuzione. Lo *Stabat Mater*, insieme alle *Quattro stagioni* e al famoso *Gloria* in Re maggiore, RV 589, è tra i brani che hanno goduto il più durevole successo nella produzione vivaldiana. Si è sempre pensato che fosse stato composto per la Pietà, sin dalla sua prima esecuzione in età moderna, il 20 settembre 1939, quando sotto la direzione di Alfredo Casella[1] fu eseguito nell'ambito della prima Settima-na Musicale Senese, organizzata dall'Accademia Musicale Chigiana. Parte integrante di tale presupposto era che la parte vocale solistica fosse stata scritta per un contralto donna, come da consuetudine della Pietà. Solo molto di recente, però, è stata rivelata la debolezza di questa tesi. Le ricerche condotte da Michael Talbot (i cui punti principali sono riassunti più avanti) hanno dimostrato che, con ogni probabilità, l'intonazione non fu composta né per la Pietà né per una voce femminile di contralto e che la sua destinazione originale non era Venezia.[2]

La prova principale è la registrazione di un pagamento di 20 lire e 4 soldi «Per Stabat Mater composta del Vivaldi», in un elenco di spese straordinarie per l'anno 1712, incluso nel libro dei conti relativo al periodo 1694-1726 per le musiche destinate alla Chiesa di Santa Maria della Pace a Brescia, appartenente all'ordine oratoriano o filippino.[3] Dalla posizione della registrazione all'interno dell'elenco, risulta chiaro che il pagamento fu eseguito poco dopo la Settimana Santa, e non vi è dubbio, data l'entità della cifra, che tale pagamento fu corrisposto per un'elaborata intonazione dello *Stabat Mater*, recentemente commissionato e, presumibilmente, eseguito. L'occasione dell'esecuzione fu, senza dubbio,

---

[1] La trascrizione di Casella fu successivamente pubblicata da Carisch (Milano, 1949). Altre due edizioni moderne hanno preceduto la presente: l'edizione pubblicata da Universal Edition, a cura di Renato Fasano e Karl Heinz Füssl (Vienna,

1969) e quella pubblicata da Ricordi, a cura di Gian Francesco Malipiero (Milano, 1970).

[2] Vedi MICHAEL TALBOT, *New Light on Vivaldi's "Stabat Mater"*, «Informazioni e studi vivaldiani», 13, 1992, pp. 23-36. Un'ulteriore trattazione del lavoro e delle sue origini si trova in ID., *The Sacred Vocal Music of Antonio Vivaldi*, Firenze, Olschki, 1995: vedi in particolare le pp. 149-150, 222-223 e 243-253. Tra gli altri scritti troviamo ANNIE LIONNET, *Une Étonnante Peinture musicale : le «Stabat Mater» de Vivaldi*, «Schweizerische Musikzeitung», 117, 1977, pp. 206-210, e HELMUT HUCKE, *Vivaldis «Stabat Mater»*, in *Vivaldi veneziano europeo*, a cura di Francesco Degrada, Firenze, Olschki, 1980, pp. 49-54.

[3] Tale libro (*Libro per la musica*) è conservato all'Archivio di Stato di Brescia: Fondo di religione, Congregazione dell'Oratorio di San Filippo Neri (Padri della Pace), busta 49. La pagina in questione (c. 45r) è riprodotta in facsimile in TALBOT, *New Light on Vivaldi's "Stabat Mater"*, cit., p. 29.

la festa dei Sette Dolori della Santa Vergine Maria, che cade il venerdì antecedente la Domenica delle Palme: nel 1712, il 18 marzo. Il rapporto di Vivaldi con la Chiesa della Pace sembra essere iniziato nel febbraio dell'anno precedente, quando – insieme con il padre Giovanni Battista, originario di Brescia – si recò alla chiesa per prestare la sua opera di violinista per due funzioni.[4] Poiché nel 1712 non vi è traccia di pagamenti a Vivaldi come esecutore, è improbabile che egli abbia partecipato all'esecuzione dello *Stabat Mater* o alle sue prove; presumibilmente inviò un manoscritto a Brescia per posta. Talbot ha convincentemente dimostrato che il cantante dell'esecuzione fu senza dubbio un uomo e ha identificato come possibili candidati Filippo Sandri (assunto presso la chiesa nel 1701), Domenico Tartana (presente durante la Settimana Santa del 1712) e Marco Aurelio Biasietto (assunto nel 1712, ma non necessariamente un contralto).[5]

Mentre nulla in questi documenti prova che lo *Stabat Mater*, RV 621, l'unico che abbiamo di Vivaldi, sia proprio lo stesso lavoro commissionato dai Padri Filippini per l'esecuzione bresciana del 1712, è del tutto ragionevole ipotizzare che lo sia. In primo luogo, l'unica fonte di RV 621 (che esamineremo più avanti) è databile nello stesso periodo. E se anche non lo fosse, si dovrebbe comunque concludere, sulla base del suo stile, che il lavoro è una composizione giovanile, quasi contemporanea ai concerti inclusi nell'*Estro armonico*, pubblicato nel 1711. In secondo luogo, non ci sono prove che lo *Stabat Mater* sia mai stato intonato in 'canto figurato' per il repertorio della Pietà, e dunque vi sono molte probabilità che RV 621 sia stato concepito per l'esecuzione in altra sede. In terzo luogo, la strumentazione di RV 621, come vedremo, è adatta a un *ensemble* che era quasi sempre privo delle viole, condizione nella quale probabilmente si trovava la cappella della Chiesa della Pace (come Vivaldi deve aver notato nella sua visita del 1711). Dallo studio del libro dei conti, Talbot ha concluso che il complesso d'archi di Brescia fosse composto solo da quattro o cinque violini e da non più di tre strumenti ad arco di registro grave (violoncelli e contrabbassi).

Il testo dello *Stabat Mater* era abitualmente impiegato nel XVI e nel XVII secolo – anche se per lo più non in via ufficiale in gran parte dei luoghi – in occasione della festa dei Sette Dolori della Beata Vergine Maria, come sequenza cantata durante la messa o – nella sua forma incompleta – come inno all'interno della celebrazione. Esclusa dal rito tridentino nel XVI secolo, fu di nuovo adottata ufficialmente come parte della liturgia romana universale da Papa Benedetto XIII nel 1727, in parte quale riconoscimento della sua ampia diffusione. Il testo, che nella sua forma completa consiste di dieci strofe di sei versi, ciascuna composta di due semistrofe di tre versi (versetti), è di paternità incerta. Anche se comunemente attribuito a Jacopone da Todi (morto nel 1306), c'è qualche indizio che lo attribuirebbe a Papa Innocenzo III (morto nel 1216).[6] Per la sua intonazione Vivaldi impiegò solo la prima metà del testo (versetti 1-10, con l'«Amen»): ne diamo qui una trascrizione normalizzata nella grafia e nell'uso delle maiuscole.

1   Stabat Mater dolorosa,
    Juxta crucem lacrimosa,
    Dum pendebat filius.

2   Cujus animam gementem
    Contristatam et dolentem
    Pertransivit gladius.

3   O quam tristis et afflicta
    Fuit illa benedicta
    Mater unigeniti.

4   Quae moerebat et dolebat
    Pia mater dum videbat
    Nati poenas incliti.

5   Quis est homo qui non fleret
    Matrem Christi si videret
    In tanto supplicio?

6   Quis non posset contristari
    Christi Matrem contemplari
    Dolentem cum filio?

---

4   Vedi OLGA TERMINI, *Vivaldi at Brescia: The Feast of the Purification at the Chiesa della Pace (1711)*, «Informazioni e studi vivaldiani», 9, 1988, pp. 64-74.

5   TALBOT, *New Light on Vivaldi's "Stabat Mater"*, cit., p. 31.

6   Tali problemi sono discussi in HERMINE H. WILLIAMS, *The "Stabat Mater Dolorosa": A Comparison of Settings by Alessandro Scarlatti and Giovanni Battista Pergolesi*, in *Studi pergolesiani*, a cura di Francesco Degrada, Scandicci, La Nuova Italia, 1988, II, pp. 144-154.

7 Pro peccatis suae gentis
Vidit Jesum in tormentis
Et flagellis subditum.

8 Vidit suum dulcem natum
Moriendo desolatum
Dum emisit spiritum.

9 Eja Mater, fons amoris,
Me sentire vim doloris
Fac, ut tecum lugeam.

10 Fac ut ardeat cor meum
In amando Christum Deum
Ut sibi complaceam.

Amen.

Conformemente all'uso liturgico, ciò identifica tale lavoro come inno per i Vespri, essendo il resto del testo riservato agli inni per il Mattutino (Ufficio delle letture) e per le Lodi mattutine (rispettivamente i versetti 11-14 e 15-20). Significa anche che l'intonazione di Vivaldi è decisamente diversa da quelle dei suoi contemporanei Alessandro e Domenico Scarlatti, Caldara e Pergolesi, che adottano il testo completo e non ripetono parti di musica. Anche se Vivaldi applicò il metodo, usuale per l'intonazione dei salmi, di variare la musica componendo diversi movimenti distinti, egli chiaramente si preoccupò che la sua versione si conformasse in qualche misura allo stile strofico nel quale erano tradizionalmente cantati gli inni: primo, intonando la maggior parte dei movimenti in un'unica tonalità, Fa minore; secondo, ripetendo per i versetti 5-8 (movimenti IV-VI) la musica dei versetti 1-4 (movimenti I-III), come se queste grandi e composite unità fossero vere e proprie strofe. Possiamo ipotizzare che la commissione dei Padri Filippini sia stata accompagnata da indicazioni di carattere generale che costrinsero Vivaldi ad adottare tali impostazioni.

La sola fonte superstite per RV 621 è un manoscritto non autografo conservato alla Biblioteca Nazionale Universitaria di Torino, alle cc. 36-47 del codice Giordano 33. In formato quarto oblungo, i suoi dodici fogli comprendono due fascicoli non contrassegnati di due distinte varietà di carta da musica di provenienza veneziana e di dimensioni standard, entrambe con la comune e generica filigrana di tre mezze lune. Il primo fascicolo (cc. 36-43) è del tipo di carta «B12» e presenta una rastrografia di dieci righi tirati simultaneamente, con un'apertura

(dalla linea più in alto a quella più in basso) di poco più di 186 mm. Il secondo fascicolo (cc. 44-47) è del tipo di carta «B25», con una rastrografia di dieci righi e con un'apertura di quasi 188 mm.[7]

Per quanto mi consta, nessuna delle due rastrografie si ritrova in altri manoscritti di Vivaldi. Ma ciò non sorprende affatto. Con l'eccezione di sonate e concerti a stampa, pochissime fonti musicali vivaldiane, riferibili agli anni anteriori al 1715, sono giunte sino a noi; di conseguenza, questo prezioso documento – a quanto pare il più antico esemplare esistente di composizioni vocali vivaldiane – non può essere comparato con alcun altro documento. I due tipi di carta, però, sono noti (con differenti rastrografie) attraverso un limitato numero di fonti nelle collezioni vivaldiane di Torino e Dresda, dalle quali si può dedurre con certezza che scorte di entrambi i tipi furono a disposizione del compositore e dei copisti che sporadicamente lavorarono con lui per un certo numero di anni, a partire, al più tardi, dal 1713. La carta B25, per esempio, fu utilizzata per sezioni delle partiture autografe dell'opera *Ottone in villa*, RV 729 (rappresentata a Vicenza nel maggio del 1713), e del *Gloria*, RV 589, recentemente datato 1716.[8] Il periodo durante il quale la carta B12 fu disponibile sembra coincidere con quello di B25, sino almeno al 1716, a giudicare dalla sua comparsa nella partitura autografa di RV 205, dedicata dal compositore a Johann Georg Pisendel, e in una partitura veneziana dell'opera di Antonio Lotti, *Foca superbo*, rappresentata al Teatro San Giovanni Grisostomo

---

7   Per coincidenza, i due tipi presentano una contromarca con un motivo simile, posto in un angolo del foglio: le lettere «SS» sormontate da un trifoglio. Il fatto che siano due tipi di carta distinti, al di là della loro parentela, piuttosto che varianti o forme 'gemelle' di un unico tipo, è confermato dall'esistenza delle loro rispettive forme gemelle in altre fonti, anche se non nel manoscritto di RV 621, e dal fatto che la filigrana con le lettere SS sormontate da un trifoglio è comune a diverse carte che recano la filigrana con le tre mezze lune. La differenza più significativa tra le due è che la carta B12 ha le mezze lune più spesse e occupano insieme più spazio in orizzontale (103 o 113 mm, a seconda dei tipi gemelli) rispetto a quelle di B25 (94 o 96 mm). Le denominazioni «B12» e «B25» sono provvisorie e derivano dagli studi, tuttora in corso, di chi scrive sulla provenienza e sulla cronologia dei manoscritti vivaldiani; anche se è possibile che debbano essere riviste in futuro, se ne dà notizia qui per coerenza, con la citazione della letteratura critica esistente. In questa ricerca, le rastrografie in discussione sono classificate rispettivamente come «10/186.2(1)» e «10/187.9(1)».

8   Vedi il saggio introduttivo ad ANTONIO VIVALDI, *Gloria RV 589*, a cura di Paul Everett, Oxford – New York, Oxford University Press, 1997.

di Venezia nel dicembre di quell'anno.[9] Più pertinente per il presente studio è il fatto che B12 fu usata dallo «Scriba 4», il principale assistente di Vivaldi, per sezioni della porzione originale, risalente al 1713, del manoscritto dell'*Orlando furioso* di Giovanni Alberto Ristori (RV Anh. 84).[10] Poiché quantità di carta B12 e B25 possono essere state utilizzate da Vivaldi almeno per un anno o due prima del 1713, l'insieme delle prove circostanziali suggerisce, per analogia, che il manoscritto di questo lavoro sia effettivamente contemporaneo alla commissione bresciana di uno *Stabat Mater* nel marzo 1712.

Tutte le sezioni del testo manoscritto, parole e musica, sono di mano di un copista non identificato e non noto attraverso altre fonti. Occorre ricordare ancora una volta che la mancanza di fonti di Vivaldi con caratteristiche analoghe a quelle di questo manoscritto è comprensibile, data la quasi totale irreperibilità di materiale manoscritto risalente agli inizi della carriera del compositore. Tuttavia, non bisogna concludere che il copista abbia lavorato con Vivaldi solo in questa occasione o che il suo lavoro non sia affidabile. Al contrario, il testo, molto accurato e contenente molte delle convenzioni relative alla notazione e alla stesura della partitura che si trovano nei manoscritti vergati dallo stesso Vivaldi, potrebbe essere tranquillamente considerato una copia ragionevolmente fedele di un esemplare (presumibilmente un autografo, ora perduto) redatto da un copista professionista a conoscenza delle abitudini del compositore. In ogni caso, il fatto stesso che Vivaldi abbia conservato il manoscritto, a quanto sembra l'unica copia in suo possesso, per tutta la vita all'interno del suo archivio personale (conservato nelle raccolte Foà e Giordano di Torino), avvalora sicuramente l'autenticità e l'autorità testuale della musica.

Due iscrizioni in testa alla partitura (c. 36*r*) recitano: «Stabat Mater ad Alto Solo [spazio] Del Sig. D. Ant:° Viualdi:». La musica inizia immediatamente

dopo e prosegue ininterrottamente sino a c. 46*r*, dove leggiamo la solita annotazione conclusiva, «Finis:». Le pagine rimanenti (cc. 46*v*-47*v*) sono vuote. I movimenti I-III, VIII e XI sono notati su sistemi di cinque righi, due per pagina; la designazione delle cinque parti, non altrimenti identificate, si ricava dalla disposizione e dalle chiavi impiegate. Leggendo dall'alto al basso, ci sono i violini primi e secondi (chiave di violino), le viole (chiave di contralto), la voce di contralto (chiave di contralto) e il basso continuo (chiave di basso). Il movimento VII (*Eja Mater*) è notato su sistemi di tre righi: violini unisoni (denominati «Uniss[on]:i»), viole e solista vocale. Qui, a c. 41*v*, la parte di viola presenta l'indicazione: «In caso non vi fossero Violette suoni il [sic] Violini». Sembra dunque che Vivaldi abbia tenuto presente il fatto che le cappelle musicali, in particolare quelle piccole come la cappella della Chiesa della Pace, non potessero disporre di un gruppo completo di strumenti ad arco, comprendente violisti: in tali circostanze, era pratica comune che la parte di viola fosse eseguita da una terza parte di violino, con le trasposizioni d'ottava eventualmente necessarie. Come si è già notato, Vivaldi era consapevole delle limitazioni e del piccolo organico del complesso bresciano, e nel movimento VII ci sono solo tre punti (bb. 16, 17 e 22) nei quali la parte di viola suona al di sotto della nota più grave del violino. Sicuramente non è una mera coincidenza che la parte di viola, nei movimenti restanti, non scenda mai sotto il Sol[2]: Vivaldi deve aver tenuto conto della possibilità che la viola fosse sostituita da un violino sin da quando iniziò a comporre l'opera. Supponendo che tale prassi fosse nota ai musicisti cui il lavoro era destinato, non era necessaria alcuna spiegazione all'inizio della partitura; diversamente, qualche spiegazione potrebbe essere stata inclusa nella bella copia spedita a Brescia. In ogni caso, istruzioni specifiche in partitura sarebbero state necessarie, in quanto il VII movimento era in qualche modo eccezionale, essendo l'unico movimento nel quale l'uso del registro basso della viola era (almeno sulla carta) inevitabile.

I movimenti IV-VI non sono notati per esteso in partitura: le cc. 40*v*-41*r* contengono solo la parte vocale, con l'indicazione per i copisti (citata nell'*Apparato critico*) di ripetere l'accompagnamento strumentale dei movimenti I-III. Questa abbreviazione notazionale, che presumibilmente riflette esattamente quella che il compositore aveva usato nel suo autografo, spiega le ragioni per le quali questo mano-

---

9   Entrambe le partiture sono conservate presso la Sächsische Landesbibliothek di Dresda: rispettivamente con le segnature Mus. 2389-O-123 e Mus. 2159-F-1.

10 Questa partitura (Torino, Giordano 37, cc. 162-250), che Vivaldi tenne nella sua biblioteca personale, è da mettere in relazione con gli allestimenti del 1713 e del 1714 al Teatro Sant'Angelo di Venezia, del quale Vivaldi era al tempo l'impresario. Le varie revisioni furono evidentemente eseguite sotto la sua direzione: i particolari si trovano in PAUL EVERETT, *Vivaldi's Italian Copyists*, «Informazioni e studi vivaldiani», 11, 1990, pp. 27-86: 46-48. Sui contributi e l'importanza dello «Scriba 4» (che forse non è altri che Giovanni Battista Vivaldi), vedi le pp. 33-37 e 50-53.

scritto, che sotto tutti gli aspetti è una copia perfettamente utilizzabile, fu trattenuto dal compositore e non inviato ai committenti del lavoro. Vivaldi non poteva aspettarsi che musicisti e copisti con i quali egli non era regolarmente in contatto fossero in grado di interpretare autonomamente casi di notazione abbreviata e tecnicamente incompleta. Inoltre, è presumibile che non volesse dare l'impressione che la decisione di ripetere una larga sezione della musica fosse imputabile a pigrizia da parte sua! È probabile che il manoscritto inviato a compimento della commissione fosse una bella copia elegantemente vergata, da un copista o da Vivaldi stesso, che non lasciava spazio a fraintendimenti della musica o delle intenzioni del compositore, e che probabilmente presentava i movimenti IV-V-VI scritti per esteso. Il manoscritto di Giordano 33, come la maggior parte delle belle copie non autografe conservate nelle raccolte torinesi, deve essere considerato come una 'copia d'archivio' (che replicava, in forma pulita, il testo della composizione, senza aggiungervi finezze per accrescerne la leggibilità), differente da una 'copia ufficiale', destinata a essere inviata a – e certamente impressionare – una terza parte. Si può pensare che Vivaldi la conservò perché era una versione del testo più efficace e leggibile del suo autografo, che, forse a causa delle revisioni poco leggibili e del deterioramento, egli preferì scartare.

Prendiamo ora in considerazione i problemi d'esecuzione. Come abbiamo visto, lo *Stabat Mater* fu quasi certamente concepito per un complesso d'archi particolarmente piccolo, che accompagnava un cantante castrato o un falsettista. Un così ridotto organico (con appena un solo strumento ad arco per la parte superiore e forse solo due strumenti di registro grave) si adatta particolarmente bene al carattere dell'opera, specialmente se la si esegue oggi in una chiesa barocca ricca di risonanze. In effetti, sembra appropriato – sia che le parti strumentali vengano o meno raddoppiate – considerare il lavoro come un'opera cameristica, nella quale tutti i contributi, non solo quello del cantante, hanno funzione solistica: l'intricato contrappunto del movimento finale (*Amen*), per fare solo un esempio, chiaramente richiede parti di eguale peso e chiarezza. Abbiamo anche notato che il violino può legittimamente sostituire la viola (come presuppone il testo stesso di Vivaldi), ma è una soluzione alla quale si deve ricorrere con riluttanza piuttosto che come un'opzione raccomandabile. Se si utilizzano forze superiori a

quelle minime, l'orchestra deve essere di piccole proporzioni per mantenere un buon equilibrio con la parte vocale; passaggi come quelli alle bb. 34-39 del primo movimento sottolineano il fatto che Vivaldi non deve aver pensato a più esecutori per una parte. La questione diventa particolarmente delicata se il cantante è un controtenore, voce meno potente di quella di un contralto preparato. Non occorre precisare che oggi cantanti di sesso maschile o femminile possono con egual diritto interpretare questo lavoro, poiché ciò che conta alla fine è la qualità della voce e la capacità interpretativa: preferire, semplicemente sulla base del genere, un controtenore (che in ogni caso non può riprodurre il timbro di un castrato) sarebbe una inaccuratezza storica.

I cambiamenti nelle abitudini di Vivaldi sono tali che non sappiamo perché egli alcune volte fornisca numerose indicazioni dinamiche mentre altre volte non ne fornisca alcuna. Quel che è certo è che la sua musica beneficia di una spiccata variazione del livello dinamico da un passaggio all'altro, mentre veri e propri crescendo e diminuendo dovrebbero essere evitati in quanto sono estranei al suo spirito. Questo è vero per la presente partitura, anche se la fonte fornisce solo un'indicazione dinamica: *pianissimo* per il movimento II (e dunque anche per il movimento V), evidentemente richiedendo un effetto particolarmente sommesso. Forse Vivaldi fornì ulteriori dinamiche nella versione del lavoro spedita a Brescia. Nel complesso, tuttavia, è più probabile che non vide la necessità di essere così prescrittivo in una questione elementare di interpretazione: un piccolo complesso di musicisti competenti avrebbe potuto presumibilmente affrontare in autonomia la questione, specie dal momento che, come sembra probabile, Vivaldi non ebbe alcuna responsabilità nell'esecuzione del brano, né della disposizione o consistenza dell'organico. Poiché lo stesso presupposto è valido anche oggi, la presente edizione lascia le dinamiche alla discrezione degli esecutori. Tale scelta, così come l'improvvisazione degli abbellimenti, lascia così parte della responsabilità agli interpreti, in modo che essi possano contribuire alla creazione dell'edificio sonoro, in una sorta di ideale intesa con il compositore – un modo di procedere, questo, che gli interpreti esperti apprezzeranno. Per i meno esperti, diamo qui qualche consiglio di massima. Poiché l'intera composizione si mantiene aderente al significato del testo, non c'è alcuna giustificazione per suoni particolarmente forti o eccessivamente contrastati, e non c'è neppure alcuna ragione per eseguire molto piano sezioni dello *Stabat Mater*, a eccezione dei movimenti II e V. Gran parte della musica verrà pertanto eseguita a un livello dinamico ragionevolmente pieno, ma moderato (una norma pratica che Vivaldi sembra intendere quando specifica *forte*), anche se alcuni passaggi potranno essere evidenziati più di altri. Si può procedere in tal modo in particolare nei ritornelli dei movimenti I, III, IV, VI e VII, nei quali il cantante tace. Nei passaggi vocali, le dinamiche saranno di preferenza scelte spontaneamente dal (o dalla) cantante, secondo la sua interpretazione del testo; gli strumentisti che accompagnano devono rispondere conseguentemente a queste sfumature, così come devono ridurre leggermente la dinamica prevalente dall'usuale *forte*. Vivaldi di norma distingue con i termini *tutti* e *solo* il suono dell'intero gruppo del continuo e quello di un continuo ridotto (forse un violoncello e uno degli strumenti realizzatori) a sostegno del solista. Così non accade in questo lavoro, ma le prescrizioni *tutti* e *solo* aggiunte alla parte del basso dal curatore sono suggerimenti che si attengono a tale prassi.

In conclusione, l'esecuzione ideale della musica per piccoli complessi di questo periodo non si basa tanto sui contrasti dinamici quanto piuttosto su sottili variazioni di tempo, articolazione e ornamentazione. Questo lavoro è molto insolito per la coerente esclusione di tempi veloci: ne consegue che deve essere eseguito in un tempo molto sostenuto, dal quale nemmeno l'Allegro finale dovrebbe scostarsi molto. Per quanto concerne gli abbellimenti, poco deve essere improvvisato, in quanto Vivaldi ha fornito una parte vocale che in molta parte è già ornata. Tuttavia, in ogni movimento è possibile introdurre giudiziosamente qualche piccolo ornamento nella linea vocale, in modo tale che almeno i movimenti IV-VI contengano attraenti varianti non ascoltate nel loro modello, i movimenti I-III. I trilli dovrebbero normalmente incominciare dalla nota superiore; fa un effetto piacevole indugiare un poco sulla prima nota, a modo di appoggiatura. La corona, che appare alla b. 39 del I movimento e alla b. 28 del IV, invita, ma non necessariamente richiede, una breve cadenza vocale.

INTRODUCTION

Vivaldi's sacred vocal music, which can be further divided into liturgical and non-liturgical categories, comprises over fifty works reckoned authentic. Many of them, perhaps most, were written for the Coro of the Pio Ospedale della Pietà, the Venetian institution for foundlings with which the composer was associated for much of his working life, during periods when no *maestro di coro* was available for the task; such periods occurred in 1713–1719 (between the departure of Francesco Gasparini and the appointment of Carlo Luigi Pietragrua) and 1737–1739 (between the departure of Giovanni Porta and his replacement by Gennaro D'Alessandro). It is important to remember, however, that once Vivaldi's reputation in this branch of composition was established, he received commissions for sacred vocal music from various other sources, so that it would be a mistake to associate this side of his activity too exclusively with the Pietà.

It appears, indeed, that Vivaldi had begun to compose sacred music and had gained significant experience in that field before being prevailed upon to provide such pieces for the Pietà when, in 1713, Gasparini was granted leave of absence. Much of the evidence for this comes from the present setting of the *Stabat Mater*, RV 621, and what may be surmised about its origins and first performance. This celebrated work, which along with *Le quattro stagioni* and the famous *Gloria* in D major, RV 589, is among the most enduringly popular of Vivaldi's compositions, must often have been assumed to be a work for the Pietà ever since its first modern revival on 20 September 1939, when it was performed under the direction of Alfredo Casella during the first Settimana Musicale Senese mounted in Siena by the Accademia Musicale Chigiana.[1] Part and parcel

of that assumption was that the solo vocal part ought therefore to be sung by a female contralto, as would have been the practice at the Pietà. It was only very recently that the flaws in such views were revealed. Michael Talbot's researches (the main points of which are summarized below) have demonstrated that the setting was in all likelihood written neither for the Pietà nor for a female voice (contralto), and that its original destination was not Venice.[2]

The key piece of evidence is an entry recording payment of 20 *lire* 4 *soldi* "Per Stabat Mater composta del Vivaldi" in a list of *spese straordinarie* for the year 1712 included among the accounts for music relating to the period 1694–1726 at the Chiesa di Santa Maria della Pace in Brescia, the church of the Oratorian or Philippine order.[3] From the location of the entry within the list it is clear that payment was made shortly after Holy Week; and the magnitude of the fee is such that there can be little doubt that it was in respect of an elaborate setting of the *Stabat Mater* recently commissioned and, presumably, recently performed. The occasion of the performance would doubtless have been the feast of the Seven Sorrows of the Blessed Virgin Mary falling on the Friday before Palm Sunday: 18 March in 1712. Vivaldi's relationship with the Chiesa della

---

[1] Casella's transcription was subsequently published by Carisch (Milan, 1949). Other modern editions prior to the present one have been prepared by Renato Fasano and Karl Heinz Füssl (Universal Edition, Vienna, 1969) and Gian Francesco Malipiero (Ricordi, Milan, 1970).

[2] See MICHAEL TALBOT, *New Light on Vivaldi's "Stabat Mater"*, "Informazioni e studi vivaldiani", 13, 1992, pp. 23–36. Further discussion of the work and its origins appears ID., *The Sacred Vocal Music of Antonio Vivaldi*, Florence, Olschki, 1995: see especially pp. 149–150, 222–223 and 243–253. Earlier writings include ANNIE LIONNET, *Une Étonnante Peinture musicale : le «Stabat Mater» de Vivaldi*, "Schweizerische Musikzeitung", 117, 1977, pp. 206–210, and HELMUT HUCKE, *Vivaldis "Stabat Mater"*, in *Vivaldi veneziano europeo*, ed. Francesco Degrada, Florence, Olschki, 1980, pp. 49–54.

[3] The document, *Libro per la musica*, is preserved in the Archivio di Stato, Brescia: Fondo di religione, Congregazione dell'Oratorio di San Filippo Neri (Padri della Pace), busta 49. The page in question (f. 45*r*) is reproduced in facsimile in TALBOT, *New Light on Vivaldi's "Stabat Mater"*, cit., p. 29.

Pace appears to have begun in February of the previous year, when, together with his father Giovanni Battista, he visited Brescia (Giovanni Battista's native city) to perform as a violinist at two of the church's functions.[4] Since there is no record of payment to him as a player in 1712, it is unlikely that he attended the performance of the *Stabat Mater* or had any hand in its rehearsal; he presumably sent a manuscript of the work to Brescia by post. Talbot has convincingly argued that the singer for the performance was undoubtedly male, and has identified as possible candidates Filippo Sandri (appointed to the church in 1701), Domenico Tartana (present for Holy Week 1712) and Marco Aurelio Biasietto (engaged in 1712 but not necessarily a contralto).[5]

While there is nothing in this evidence to prove that the present *Stabat Mater*, RV 621, the only surviving setting by Vivaldi, is the very same work commissioned by the Philippine Fathers for performance in Brescia in 1712, there is every reason for us to suppose that it is. First, the sole source for RV 621 (which we will examine below) is datable to the same period. Even if it were not, one would still conclude that the work is an early composition simply on the basis of its style, roughly contemporary with that of Vivaldi's concertos in *L'estro armonico*, published in 1711. Second, there is no evidence that the *Stabat Mater* was ever set in *canto figurato* for the repertory of the Pietà, and so the chances are great that RV 621 was designed for performance elsewhere. Third, the scoring of RV 621, as we shall see, is suitable for an ensemble that sometimes or always lacked violas, which was probably the condition (which Vivaldi would have noted on his visit in 1711) of the musical establishment of the Chiesa della Pace. From his study of the accounts book, Talbot has reckoned that the Brescian string band in 1712 is likely to have consisted of only four or five violins and no more than three bass stringed instruments (cellos and double basses).

The *Stabat Mater* poem was regularly employed in the seventeenth and early eighteenth centuries, even if only unofficially in most places, on the feast of the Seven Sorrows (or Dolours) of the Blessed Virgin Mary as a sequence to be sung at mass or,

when used in an incomplete form, as a hymn within the office. Having been excluded from the Tridentine rite in the sixteenth century, it was formally readopted as part of the universal Roman liturgy by Pope Benedict XIII in 1727, no doubt partly in recognition of its widespread existing use. The text, which in its complete form consists of ten six-line stanzas that each subdivide into two three-line versicles, is of disputed authorship; although it has commonly been attributed to Jacopone da Todi (died 1306), some evidence points alternatively to Pope Innocent III (died 1216).[6] For the present setting by Vivaldi, only the first half of the poem (versicles 1–10, with "Amen") was required: a transcription follows, normalized in spelling and capitalization.

1 Stabat Mater dolorosa,
  Juxta crucem lacrimosa,
  Dum pendebat filius.

2 Cujus animam gementem
  Contristatam et dolentem
  Pertransivit gladius.

3 O quam tristis et afflicta
  Fuit illa benedicta
  Mater unigeniti.

4 Quae moerebat et dolebat
  Pia mater dum videbat
  Nati poenas incliti.

5 Quis est homo qui non fleret
  Matrem Christi si videret
  In tanto supplicio?

6 Quis non posset contristari
  Christi Matrem contemplari
  Dolentem cum filio?

7 Pro peccatis suae gentis
  Vidit Jesum in tormentis
  Et flagellis subditum.

8 Vidit suum dulcem natum
  Moriendo desolatum
  Dum emisit spiritum.

---

4 See OLGA TERMINI, *Vivaldi at Brescia: The Feast of the Purification at the Chiesa della Pace (1711)*, "Informazioni e studi vivaldiani", 9, 1988, pp. 64–74.

5 TALBOT, *New Light on Vivaldi's "Stabat Mater"*, cit., p. 31.

6 Such questions are examined in HERMINE H. WILLIAMS, *The "Stabat Mater Dolorosa": A Comparison of Settings by Alessandro Scarlatti and Giovanni Battista Pergolesi*, in *Studi pergolesiani*, ed. Francesco Degrada, Scandicci, La Nuova Italia, 1988, II, pp. 144–154.

9 Eja Mater, fons amoris,
  Me sentire vim doloris
  Fac, ut tecum lugeam.

10 Fac ut ardeat cor meum
   In amando Christum Deum
   Ut sibi complaceam.

   Amen.

This identifies the work, in accordance with liturgical usage, as a hymn for Vespers, the remainder of the text being reserved for hymns proper for Matins and Lauds (versicles 11–14 and 15–20, respectively). It means, too, that Vivaldi's setting is distinctly different from those of his contemporaries Alessandro and Domenico Scarlatti, Caldara and Pergolesi, all of which are of the complete poem and do not repeat portions of the music. Although Vivaldi applied the method, familiar from psalm settings, of varying the music by devising several self-contained movements, he was clearly at pains to ensure that his version to some extent conformed to the strophic manner in which hymns were traditionally sung: first, by setting most of the movements in a single key, F minor; second, by repeating for versicles 5–8 (movements IV–VI) the music of versicles 1–4 (movements I–III) as if these large, composite units were actual stanzas. One imagines that the commission from the Philippine Fathers might have prescribed general specification for the work that obliged him to adopt such features.

The only extant source for RV 621 is a non-autograph manuscript score preserved in the Biblioteca Nazionale Universitaria, Turin, as ff. 36–47 in the volume Giordano 33. In oblong quarto format, its twelve leaves comprise two unsigned gatherings of distinct varieties of music-paper of Venetian provenance and standard dimensions, both exhibiting the common generic watermark of three crescent moons (*tre mezze lune*). The first, ff. 36–43, is of paper-type "B12" and exhibits a ten-stave rastrography spanning, from the highest to the lowest lines ruled simultaneously, a little over 186 mm. The second, ff. 44–47, is of paper-type "B25" with a ten-stave rastrography spanning almost 188 mm.[7]

To the best of my knowledge, neither rastrography is found in any other Vivaldi manuscript. But that is scarcely surprising. Other than printed sonatas and concertos, very few sources for the composer's music survive from the years prior to 1715; in consequence, there is virtually nothing with which this precious document—apparently the earliest extant specimen of his vocal compositions—can be compared. The two paper-types are, however, known (with different rastrographies) from a small number of sources in the Vivaldi collections of Turin and Dresden, from which we may be certain that supplies of both types were available to the composer, and to scribes who worked with him, from time to time, over a period of a few years beginning no later than 1713. Paper B25 was employed, for example, for parts of the autograph scores of the opera *Ottone in villa*, RV 729 (produced at Vicenza in May 1713), and the *Gloria*, RV 589, the date of which has recently been estimated as 1716.[8] The period during which paper B12 was available appears to be coextensive with that of B25, lasting at least until 1716, judging by its occurrence in the autograph score of RV 205 inscribed by the composer to Johann Georg Pisendel and a Venetian score of Antonio Lotti's opera *Foca superbo*, staged at the Teatro San Giovanni Grisostomo, Venice, in December of that year.[9] Most pertinent for present purposes is the fact that B12 was employed by "Scribe 4", Vivaldi's principal assistant, for parts of the original portion, dating from 1713, of the manuscript of Giovanni

---

[7] By coincidence, the two types possess a similar design of countermark positioned in one corner of the sheet: the letters "SS" surmounted by a trefoil. That they are distinct papers of separate identity, rather than variant or "twin" forms of a single type, is confirmed by the occurrence of their respective

---

twin forms in other sources, albeit not in the manuscript of RV 621, and the fact that the SS-with-trefoil countermark is common to several three-crescents papers of the period. The most noticeable difference between the two is that B12 has crescents that are fatter and together occupy more horizontal space (103 or 113 mm, depending on the twin) than those of B25 (94 or 96 mm). The labels "B12" and "B25" are provisional ones deriving from the present writer's continuing studies of the provenance and chronology of Vivaldi manuscripts; though they may need to be revised in the future, they are given here for consistency with existing literature. In that research, the rastrographies in question are classified as "10/186.2(1)" and "10/187.9(1)", respectively.

[8] See the introductory essay to ANTONIO VIVALDI, *Gloria RV 589*, ed. Paul Everett, Oxford – New York, Oxford University Press, 1997.

[9] Both scores are preserved in the Sächsische Landesbibliothek, Dresden: Mus. 2389-O-123 and Mus. 2159-F-1, respectively.

Alberto Ristori's *Orlando furioso* (RV Anh. 84).[10] Since batches of both B12 and B25 might well have been used by Vivaldi for at least a year or two before 1713, the foregoing circumstantial evidence suggests, on balance, that the manuscript of the present work is indeed contemporary with the commission from Brescia of a *Stabat Mater* for March 1712.

All portions of the manuscript's text, both words and music, are in the hand of an unidentified copyist unknown from other sources. Again, it needs to be remembered that the absence of Vivaldi sources sharing the characteristics of the present document is entirely to be expected, given the almost total loss of manuscript materials from the early part of the composer's career. It does not signify that the scribe worked with Vivaldi on only one occasion or that his work is not to be trusted. On the contrary, the text, being largely accurate and showing many of the conventions of notation and layout that are to be found in the manuscripts penned by Vivaldi himself, may safely be taken to be a reasonably faithful duplication of its exemplar (presumably an autograph, now lost) by a professional copyist familiar with the composer's habits. In any case, the very fact that Vivaldi retained the manuscript, apparently his only copy, for the rest of his life within his personal archive (which the Foà and Giordano collections of Turin together preserve) surely betokens the authenticity and textual authority of the music.

A pair of superscriptions at the head of the score (f. 36*r*) reads as follows: "Stabat Mater ad Alto Solo [space] Del Sig. D. Ant:° Viualdi:". The music begins immediately underneath and runs continuously through to f. 46*r*, where the customary terminal annotation "Finis:" appears. The remaining pages, ff. 46*v*–47*v*, are blank. Movements I–III, VIII and XI are scored in five-stave systems, two per page, where the identity of the five unlabelled parts is obvious from the layout and the clefs employed. Reading downwards, they are for first and second violins (treble clef), violas (alto clef), alto voice (alto clef) and basso continuo (bass clef). Movement VII (*Eja Mater*) proceeds in systems of three staves: unison violins (labelled "Uniss[on]:i"), violas and the vocal soloist. Here, on f. 41*v*, the viola part carries the instruction "In caso non vi fossero Violette suoni il [sic] Violini" ("Should there be no violas, the violins should play [this part]"). Vivaldi thus appears to have taken into account the fact that musical establishments, particularly small ones like that of the Chiesa della Pace, could not necessarily muster a full string band including viola players: in such circumstances it was common practice for a viola part to be played as a third violin part, with whatever upward octave displacements of notes were necessary. As noted above, he was probably already aware of the limitations and small size of the ensemble at Brescia, and in movement VII there are only three places (bars 16, 17 and 22) when the viola part briefly falls below the lowest pitch obtainable on the violin. It is surely no mere coincidence that the viola part throughout the remaining movements never descends lower than *g*: Vivaldi, it seems, had reckoned on the possibility of substitution by a violin from the moment he embarked on the composition. Assuming that this was understood by the musicians to whom the work was destined, no explanation was required at the beginning of the score; alternatively, some such explanation might have been included in the fair copy that was despatched. Either way, the existing special instruction needed to be added because movement VII proved to be exceptional as the only one where, in the absence of the basso continuo, use of the low register of the viola was (at least on paper) unavoidable.

Movements IV–VI are not scored in full: ff. 40*v*–41*r* contain only their vocal part, with an instruction to copyists (quoted in the *Critical Commentary*) explaining that the instrumental accompaniments are to repeat those of movements I–III. This notational short-cut, which presumably is laid out exactly as the composer had written it in his autograph draft of the work, is a clue to why this manuscript, in most respects a perfectly serviceable copy, was retained by the composer rather than sent to the work's intended destination. Vivaldi could not necessarily expect musicians and copyists with whom he was not regularly associated to interpret for themselves complicated instances of abbreviated, technically incomplete notation. Besides, he would not have wanted to give the impression that the de-

---

10 This score (Turin, Giordano 37, ff. 162–250), which Vivaldi retained in his personal collection, relates to the productions in 1713 and 1714 at the Teatro Sant'Angelo, Venice, at times when Vivaldi was the impresario. Its various textual revisions were evidently made under his direction: full details are given in PAUL EVERETT, *Vivaldi's Italian Copyists*, "Informazioni e studi vivaldiani", 11, 1990, pp. 27–86: 46–48. On the contributions and significance of "Scribe 4" (who is possibly none other than Giovanni Battista Vivaldi), see pp. 33–37 and 50–53.

cision to repeat a large portion of the music smacked of laziness on his part! The document sent in fulfilment of the commission is likely to have been an attractively designed fair copy, whether prepared by a scribe or by Vivaldi himself, that left neither the music nor the composer's intention in danger of misinterpretation, and which probably presented movements IV–VI in fully-written-out form. The present manuscript, like most non-autograph fair copies in the Foà and Giordano collections, is best regarded as an 'archival copy' (one that strictly duplicates, in neat form, the composition text without any added niceties to increase its "user-friendliness"), as opposed to a 'presentation copy' designed to be sent to—and, of course, to impress—a third party. One imagines that Vivaldi retained it because it was a more efficient and more legible version of the text than his own draft, which, perhaps because of unsightly textual and physical alterations, he preferred to discard.

We turn, finally, to matters of performance. As we have seen, the work was almost certainly conceived for a particularly small string band accompanying a male castrato or falsetto singer. Such intimate forces, with as few as one string player per upper part and perhaps only two melodic bass instruments, suit the work particularly well, especially if it is played today in the resonant acoustics of a baroque church. Indeed, it makes good sense—whether the instrumental parts are doubled or not—to treat this as chamber music in which all contributions, not only that of the singer, have a soloistic function: the intricate counterpoint of the final movement (*Amen*), among other instances, clearly requires parts of equal strength and clarity. We have also noted that the violin may legitimately deputize for the viola, although (as Vivaldi's text itself implies) this is a solution to be resorted to with reluctance rather than viewed as a desirable option. If more than the minimum forces are employed, the orchestra should still be kept to small proportions if a good balance with the vocal line is to be maintained; such passages as bars 34–39 in the first movement underline the point that Vivaldi could not have envisaged many players to a part. This becomes especially critical if the singer is a male countertenor, for such voices are generally less powerful than those of trained contraltos. Needless to say, male and female singers today have equal claims on this work, for ultimately what matters is the quality of an individual singer's voice and that

singer's interpretative skill: to prefer a countertenor (who in any case cannot reproduce the sound of a castrato) simply on the basis of gender would be a misplaced view of historical accuracy.

The variations in Vivaldi's habits are such that we cannot know why he sometimes provided copious dynamic markings and why on other occasions he provided none. All that is certain is that sensitive variation of dynamic level from one passage to another benefits his music, while actual crescendos and diminuendos should be avoided because they are essentially foreign to it. This holds true for the present work, even though the source gives only one dynamic marking: *pianissimo* for movement II (thus also for movement V), evidently requiring a particularly hushed effect. Perhaps Vivaldi specified additional dynamics in the version of the work despatched to its destination. On balance, however, it is more likely that he simply saw no need to be prescriptive on a straightforward matter of interpretation that a small ensemble of competent musicians could be expected to decide upon for themselves, especially when, as seems to have been the case, he had no responsibility for directing the music and could not be certain of the physical setting and precise forces for the performance. Since the same reasoning remains true today, the present edition similarly leaves dynamics to the discretion of performers. This, like the application of improvised embellishment, is a responsibility for actually creating part of the fabric of the music—in partnership, as it were, with the composer—which experienced performers relish. For the less experienced, some basic advice is offered here. Since the whole work possesses a restraint in keeping with the meaning of the text, there is no justification for any sound that is especially loud or exaggerated in its contrasts from moment to moment. Nor is there any reason for portions other than movements II and V to be inordinately soft. Much of the music will therefore be delivered at a suitably full but moderate dynamic level (a comfortable norm that Vivaldi seems to mean when he specifies *forte*), though naturally some passages may be projected more than others. Chief among these are the ritornellos in movements I, III, IV, VI and VII, during which the singer is silent. In vocal passages, dynamic strengths are best chosen spontaneously by the singer according to his or her feeling for the text; the accompanying instrumentalists need to respond accordingly to such nuances as well as to reduce, a little, the prevailing dynamic from its *forte* norm. Vivaldi typically differentiates, by the terms *tutti* and *solo*, the sound of the full continuo group and that of a reduced continuo (perhaps one cello and one of the realizing instruments) acting as a foil to the soloist. He has not done so for the present work, but the editorial *tutti* and *solo* markings added to the basso part are suggestions that conform to that practice.

In the final analysis, the ideal communication of music of this period for small ensembles depends far less on dynamic contrasts than on subtle variations in tempo, articulation and embellishment. The present work is highly unusual for its sustained avoidance of fast tempos: the implication is that it needs to be performed with an unrelenting heaviness which perhaps not even the final Allegro can be permitted to relieve. With regard to embellishment, little needs to be improvised since Vivaldi has provided a vocal part that in most places is already ornate. All movements can, however, admit some judicious graces in the vocal line, not least so that movements IV–VI contain attractive variants not heard in their model, movements I–III. Trills should normally begin on the upper note; it makes a pleasing effect to dwell a little on the opening note in the manner of an *appoggiatura*. The fermatas that appear at bar 39 in movement I and bar 28 in movement IV invite, but do not necessarily require, short vocal cadenzas.

STABAT MATER

RV 621

Stabat Mater

INNO
PER CONTRALTO, DUE VIOLINI,
VIOLA E BASSO

RV 621

Ma - ter do - lo - ro - sa, do - lo - ro - sa, Jux - ta cru - cem la - cri -

-mo - sa, la-cri - mo - sa, Dum pen - de -

- bat, dum pen - de-bat fi - li - us.

II

(Recitativo)

Adagissimo

IV

V

(Recitativo)

Adagissimo

Contralto

Adagissimo

Quis non pos-set con-tri - sta - ri Chri-sti Ma - trem con-tem-pla - ri Do -

- len-temcum fi - li - o? Quis non pos-set con-tri - sta - ri Chri-sti

Ma - trem con-tem-pla - ri Do - len - - - - - - -

- - - - - tem, do - len - temcum fi - li - o?

9

141970

VIII

14

141970

APPARATO CRITICO

movimento, battuta	strumento, voce	note
I	Contralto	Sempre in chiave di contralto. Lo stesso in tutti gli altri movimenti.
I, 12	Tutte le parti	Il segno ⚏ posto sotto il sistema all'inizio della b. 12 indica il punto nel quale inizia il quarto movimento, quando questa sezione viene ripetuta. Vedi le note critiche al movimento IV, più avanti, e l'*Introduzione*.
I, 35	Contralto	Nota 5 Re^3 bequadro.
I, 37	Contralto	Nota 1 sedicesimo.
I, 42	Basso	Armatura di chiave con un bemolle per questo sistema (solo b. 42).
I, 43-53		Dopo b. 42, l'indicazione «Rit[ornell]o ut Supra» prescrive di ricavare le bb. 43-53 dalle bb. 2-12.
II, 1		La prescrizione «Pianiss[i]mo», posta in una posizione (sotto il rigo del violino primo) nella quale il copista talora pone un'indicazione di tempo, sembra doversi applicare a tutte le parti di accompagnamento e all'intero movimento.
II, 1	Contralto	«Cuius» in luogo di «Cujus». *Idem* a b. 7.
II, 5	Contralto	Pausa di ottavo in luogo dell'appropriata pausa di quarto.
II, 14	Contralto	Nota 1 con corona.
III, 32	Contralto	Il testo cantato posto in corrispondenza della nota 1 sembra essere stato in origine «et» (vedi la b. 17), prima di essere corretto in «ò».
III, 37	Contralto	Nota 3 sedicesimo.
III, 38	Contralto	Note 4 e 5 con gambi separati (ma uniti da legatura). Lo stesso a b. 57.
III, 49	Contralto	La sillaba «moe-» scritta come «me-».
III, 58	Contralto	Il significato delle due legature è incerto. Non si riferiscono ovviamente al testo cantato e non indicano una qualsivoglia soluzione di continuità. Tuttavia, potrebbero indicare l'ineguaglianza dei sedicesimi, segnalando che il primo e il terzo possono essere più brevi del secondo e del quarto. Lo stesso alle bb. 61 e 68.
III, 59-60	Contralto	«inclijti» in luogo di «incliti». Idem alle bb. 69-70.
IV	Contralto	Prescrizione: «Da Capo al segno ⚏ per tutte le parti quali seruono in tutti li seguenti Versetti». L'indicazione è posta immediatamente sopra la parte del contralto (l'unico materiale musicale fornito per i movimenti IV-VI) e prescrive la ripetizione delle parti strumentali dei movimenti I-III, a partire dalla dodicesima battuta del primo. Vedi l'*Introduzione*.
IV, 7-8	Contralto	«suplicio» in luogo di «supplicio». *Idem* alle bb. 9-10 e 30-31.

IV, 22	Contralto	Note 2 e 3 legate; note 3 e 4 con gambi separati. Questa situazione suggerisce l'intenzione originale di Vivaldi di intonare quattro sillabe in questa battuta: «In tanto su-».
IV, 31	Contralto	Nota 1 con corona.
IV, 32		Indicazione dopo la b. 31 della parte del contralto: «Ritt[ornell]o ut supra poi segue».
V, 1	Contralto	Indicazione di tempo: «Ad[agi]o».
V, 6	Contralto	Note 5 e 6 con gambi separati (ma unite da legatura).
VI, 36	Contralto	Note 1-6 legate da trattini due a due (1-2, 3-4, 5-6) con l'intera parola «suae» posta sotto le note 1-3. Il modo con il quale Vivaldi intendeva dividere la parola in due sillabe non è pertanto chiaro.
VI, 37	Contralto	Note 1 e 2 con gambi separati (ma unite da legatura).
VI, 38	Contralto	Note 4 e 5 con gambi separati (ma unite da legatura).
VI, 50	Contralto	Note 1 e 2 unite da barra d'unione, implicando una sinalefe tra le due vocali di «suum».
VI, 51	Contralto	Note 2-5 unite da trattino due a due (2-3, 4-5).
VI, 57	Contralto	Note 4 e 5 con gambi separati (ma unite da legatura).
VI, 61	Contralto	Un «et» estraneo al testo dell'inno è posto sotto le note 1-2, mentre «mori-» appare sotto le note 3-4. Si sopprime «et» e si anticipa «mo-» sul secondo tempo della battuta.
VII	Tutte le parti	Armatura di chiave: quattro bemolli. Poiché nella fonte tutti i Re naturali del movimento mancano del relativo segno di bequadro (omissioni che abbiamo ritenuto di non dover qui elencare), è facile pensare che il copista avesse in mente un'armatura di chiave di tre bemolli. Si può in effetti ipotizzare che il suo esemplare (l'autografo del compositore?) avesse tre bemolli in chiave per l'intero movimento. Può anche darsi che tutto lo *Stabat Mater* fosse in origine notato con un'armatura di tre bemolli. La frequenza con la quale negli altri movimenti dei bemolli 'ridondanti' appaiano davanti alla nota Re (o, di contro, dei bequadri necessari vengono omessi davanti alla stessa nota) avvalora questa ipotesi. Nel 1712 era ancora usuale apporre tre o addirittura solo due bemolli, piuttosto che un'armatura di quattro bemolli, nei movimenti in Fa minore.
VII, 9	Contralto	Nota 3 sedicesimo, con gambo separato.
VII, 14	Contralto	In corrispondenza della nota 1, «Fac». Nota 6 senza bequadro.
VII, 15	Contralto	Note 5 e 6 con gambi separati.
VII, 20	Contralto	Nota 4 senza bequadro.
VII, 23	Contralto	Nota 2 sedicesimo.
VIII, 3	Basso	Note 3 e 6 La^1 (bemolle). L'anomalia nella figura del basso pare essere trascuratezza piuttosto che scelta deliberata.
VIII, 14	Contralto	Note 6 e 7 unite da barra d'unione.
IX, 4	Contralto	Nota 4 senza bequadro.
IX, 19	Contralto	Nota 3 senza bequadro.
IX, 23	Contralto	Nota 3 con gambo separato.

CRITICAL COMMENTARY

movement, bar	instrument, voice	notes
I	Contralto	In alto clef throughout. Similarly in all other movements.
I, 12	All parts	The sign ⚓ beneath the system at the beginning of bar 12 indicates the point at which the fourth movement begins when this music is repeated. See under IV, below, and the *Introduction*.
I, 35	Contralto	Note 5 *d'* natural.
I, 37	Contralto	Note 1 semiquaver.
I, 42	Basso	Key signature of one flat for this system (bar 42 only).
I, 43–53		Following bar 42, a direction "Rit[ornell]o ut Supra" indicates that bars 43–53 are to be derived from bars 2–12.
II, 1		The direction "Pianiss[i]mo", located in a position (below the stave for first violin) where the scribe sometimes gives a tempo marking, appears to apply equally to all the accompanying parts and may be assumed to hold for the whole movement.
II, 1	Contralto	The word "Cujus" is spelt "Cuius". Similarly in bar 7.
II, 5	Contralto	Rest corrected from a quaver rest in the source.
II, 14	Contralto	Note 1 with fermata.
III, 32	Contralto	The underlaid text for note 1 appears originally to have been "et" (cf. bar 17) before being amended to "ò".
III, 37	Contralto	Note 3 semiquaver.
III, 38	Contralto	Notes 4 and 5 separately flagged (but slurred). Similarly in bar 57.
III, 49	Contralto	The syllable "moe-" is spelt "me-".
III, 58	Contralto	The significance of the two slurs is uncertain. They obviously do not refer to the underlay of the text or mark any break in continuity. However, they might indicate inequality in the length of the semiquavers, the first and third being shorter than the second and fourth. Similarly in bars 61 and 68.
III, 59–60	Contralto	The word "incliti" is spelt "inclijti". Similarly in bars 69–70.
IV	Contralto	Direction: "Da Capo al segno ⚓ per tutte le parti quali seruono in tutti li seguenti Versetti." This instruction, appearing immediately above the contralto part, which is the only musical material provided for movements IV–VI, indicates that the instrumental parts for these movements repeat those for movements I–III, proceeding from the twelfth bar of the first. See *Introduction*.
IV, 7–8	Contralto	The word "supplicio" is spelt "suplicio". Similarly in bars 9–10 and 30–31.

IV, 22	Contralto	Notes 2 and 3 slurred; notes 3 and 4 separately flagged. These features suggest that Vivaldi may originally have planned to set four syllables in this bar: "In tanto su-".
IV, 31	Contralto	Note 1 with fermata.
IV, 32		Direction following bar 31 of the contralto part: "Ritt[ornell]o ut supra poi segue".
V, 1	Contralto	Tempo marking: "Ad[agi]o".
V, 6	Contralto	Notes 5 and 6 separately flagged (but slurred).
VI, 36	Contralto	Notes 1–6 beamed in twos (1–2, 3–4, 5–6) with the whole word "suae" underlaid beneath notes 1–3. The manner in which Vivaldi intended to divide the word into two syllables is therefore not clear.
VI, 37	Contralto	Notes 1 and 2 separately flagged (but slurred).
VI, 38	Contralto	Notes 4 and 5 separately flagged (but slurred).
VI, 50	Contralto	Notes 1 and 2 beamed together, implying synaloepha between the two vowels of "suum".
VI, 51	Contralto	Notes 2–5 beamed in twos (2–3, 4–5).
VI, 57	Contralto	Notes 4 and 5 separately flagged (but slurred).
VI, 61	Contralto	An extraneous "et" is underlaid to notes 1–2, while "mori-" appears under notes 3–4. Restoring the poem's uncorrupted text removes the potential problem of word-underlay.
VII	All parts	Key signature: four flats, throughout. Since in the source every single *d-natural* pitch in the movement lacks its natural sign (omissions which we have not sought to list here), there can be little doubt that the scribe nevertheless assumed the presence of a three-flat signature. It is conceivable, indeed, that his copy-text (the composer's autograph manuscript?) adopted a three-flat signature for this movement. It could even be that the entire composition was originally notated with a three-flat signature. The frequency with which 'redundant' flats appear before the note *d* (or, conversely, necessary naturals are omitted before the same note) in other movements supports this hypothesis. In 1712 it was still more common for movements in F minor to have three, or even only two, flats in the key signature than four.
VII, 9	Contralto	Note 3 semiquaver, separately flagged.
VII, 14	Contralto	Note 1 underlaid "Fac". Note 6 without natural.
VII, 15	Contralto	Notes 5 and 6 separately flagged.
VII, 20	Contralto	Note 4 without natural.
VII, 23	Contralto	Note 2 semiquaver.
VIII, 3	Basso	Note 3 and 6 *A* (flat). The departure from the normal form of the bass figure appears inadvertent rather than deliberate.
VIII, 14	Contralto	Notes 6 and 7 beamed together.
IX, 4	Contralto	Note 4 without natural.
IX, 19	Contralto	Note 3 without natural.
IX, 23	Contralto	Note 3 separately flagged.